I0207837

www.ingramcontent.com/pod-product-compliance
Lightning Source LLC
Chambersburg PA
CBHW020011050426
42450CB00005B/421
*9781685681920*

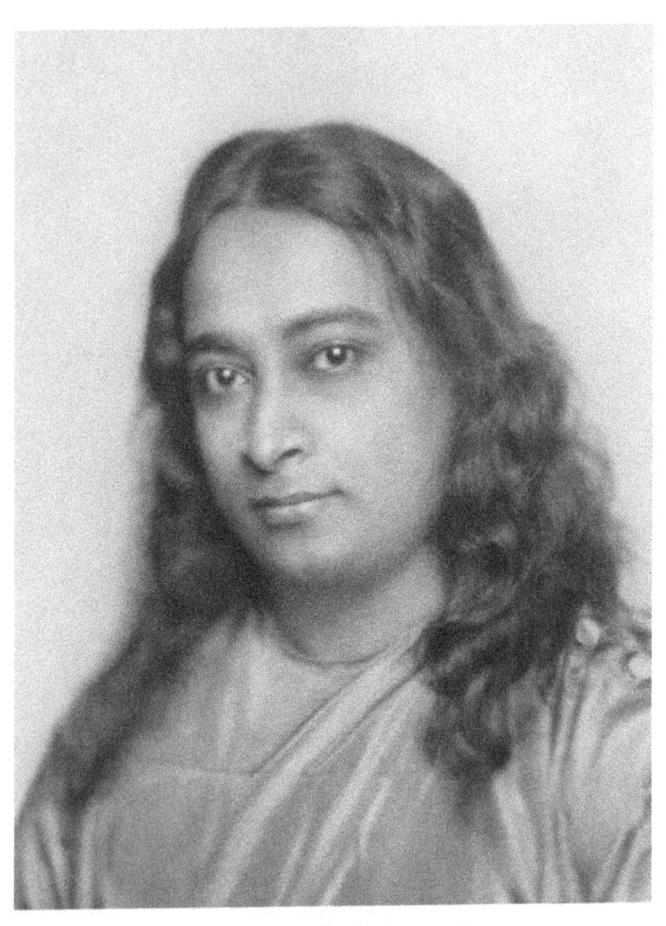

برمهنسا يوغانندا
(١٨٩٣-١٩٥٢)

# في محراب
# الروح

## دليل
## للصلاة الفعّالة

برمهنسا
يوغانندا

Self-Realization Fellowship
FOUNDED 1920 BY PARAMAHANSA YOGANANDA

**كلمة حول هذا الكتاب:** في محرب الروح *(In the Sanctuary of the Soul)* هو مجموعة مقتطفات من كتابات برمهنسا يوغانندا ومحاضراته وأحاديثه غير الرسمية. ظهرت هذه المختارات في الأصل في كتبه، وفي مقالات له في مجلة Self-Realization (التي أسسها عام ١٩٢٥)، وفي ثلاثة مجلدات من محادثاته ومقالاته، وفي غيرها من منشورات Self-Realization Fellowship.

تم نشر العنوان الأصلي باللغة الإنكليزية
بواسطة Self-Realization Fellowship، لوس أنجلوس (كاليفورنيا):
In the Sanctuary of the Soul

ISBN: 978-0-87612-171-9

تُرجم إلى العربية بواسطة Self-Realization Fellowship

حقوق النشر محفوظة لـ Self-Realization Fellowship © ٢٠٢٤

Copyright © 2024 Self-Realization Fellowship

جميع الحقوق محفوظة. باستثناء الاقتباسات الموجزة في مراجعات الكتب، لا يجوز إعادة إنتاج أي جزء من في محراب الروح *(In the Sanctuary of the Soul)* أو تخزينه، أو نقله، أو عرضه بأي شكل، أو بأي وسيلة (إلكترونية أو ميكانيكية أو غير ذلك) معروفة الآن أو سيتم ابتكارها فيما بعد ـ بما في ذلك النسخ والتسجيل أو أي نظام لتخزين المعلومات واسترجاعها – دون إذن كتابي مسبق من الناشر:

Self-Realization Fellowship, 3880 San Rafael Avenue,
Los Angeles, California 90065-3219, U.S.A.

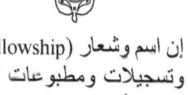

بترخيص من مجلس النشر الدولي التابع إلى
Self-Realization Fellowship

إن اسم وشعار (Self-Realization Fellowship) المبينين أعلاه يظهران على جميع كتب وتسجيلات ومطبوعات أخرى صادرة عن Self-Realization Fellowship مما يؤكد للقارئ أن المادة المنشورة مصدرها الجماعة التي أسسها برمهنسا يوغانندا وأنها تنقل تعاليمه بصدق وأمانة.

الطبعة العربية الأولى، ٢٠٢٤
First edition in Arabic, 2024
هذا الإصدار، ٢٠٢٤
This printing, 2024

ISBN: 978-1-68568-192-0

1330-J8197

# المحتويات

## القسم ١
الصلاة هي مطلب الروح ......................................... ٩

## القسم ٢
التركيز الداخلي: تمهيد للصلاة الحقيقية ..................... ٣٩

## القسم ٣
اعرف ما ينبغي أن تصلي من أجله ............................ ٦٠

## القسم ٤
امتلكْ مفهوماً واضحاً عن الله ................................... ٧٢

## القسم ٥
صلِّ بقوة إرادة ديناميكية ....................................... ٧٩

## القسم ٦
استعد محرابك الداخلي .......................................... ٩٤

# تقديم

بقلم شري دايا ماتا (١٩١٤-٢٠١٠)، الرئيس الثالث والقائدة الروحية لـ *Self-Realization Fellowship/Yogoda Satsanga Society of India*

التقيتُ برمهنسا يوغانندا في عام ١٩٣١، عندما جاء إلى مسقط رأسي في سولت ليك سيتي لإلقاء سلسلة من المحاضرات والدروس. لقد كان لقاءً غيّر حياتي بشكل عميق.

ورغم أنني كنت لا أزال دون سن العشرين، إلا أنني كنت أبحث عن إجابات روحية. لقد استمعت إلى خطب العديد من كهنة وقساوسة الكنيسة؛ لكن قلبي ظل يشعر بعدم الارتياح: «الكل يتحدثون عن الله، ولكن هل يوجد من يعرفه حقاً؟»

عندما دخلت القاعة المزدحمة حيث كان برمهنسا يوغانندا يتحدث، أقنعني سموه الروحي والقوة والحب اللذان كانا يشعان من حضوره على الفور – في صميم كياني – بأنني كنت في حضرة شخص قد وجد الله ويمكنه أن يرشدني إليه.

وفي إحدى الليالي تحدث عن الإيمان وقوة الإرادة. لقد ألهمني كثيراً لدرجة أنني عندما جلست واستمعت إليه شعرت أن الإيمان بالله قادر بالفعل على تحريك الجبال.

وعندما انتهت المحاضرة انتظرت لتحيته. كنت أعاني منذ بعض الوقت من تسمم حاد في الدم في جميع أنحاء جسمي – نتيجة لحادث في المدرسة الثانوية – ولم يتمكن الأطباء من العثور على علاج له. وأثناء حديثنا قال لي فجأة: «هل تؤمنين بأن الله قادر على أن يشفيكِ؟» وكانت عيناه تشعان بقوة إلهية.

أجبت: «إنني أعرف بأن الله قادر على أن يشفيني.»

فباركني بلمسة على الجبهة. ثم قال: «من هذا اليوم فصاعداً، أنتِ شفيتِ. وفي غضون أسبوع واحد ستختفي ندوبك.» وهذا هو بالضبط ما حدث. ففي غضون أسبوع واحد، اختفت تلك الحالة ولم تعاودني بعدها أبداً.

بالنسبة لبرمهنسا يوغانندا، لم يكن الإيمان والصلاة إلى الله مجرد أمنية أو اعتقاد غير قابل للإثبات. لقد كانت طريقته في الصلاة علمية وتؤدي

إلى نتائج مباشرة واختبار مباشر. لقد علّم الآلاف في جميع أنحاء العالم أن العلم الروحي – اليوغا التي هي علم الروح – يتضمن أساليب محددة للتناغم الداخلي حيث يمكن لكل نفس أن تختبر وحدتها مع الله.*

«كفّوا [الزموا الهدوء] واعلموا أني أنا الله». تصف هذه الكلمات من المزامير الغرض من اليوغا. ففي الهدوء الداخلي الناتج عن التأمل العميق، يمكن لكل شخص أن يؤسس علاقة شخصية مع الله. عندها تصبح الصلاة ديناميكية حقاً – ويحصل تبادل حميم ومحبب بين النفس وخالقها في حرم السكينة الباطنية.

تحتوي كتب برمهنسا يوغانندا العديدة وأحاديثه ومقالاته التي تم جمعها على مقاطع عديدة حول كيفية جعل الصلاة فعالة. لقد قمنا بتجميع عينة نموذجية في هذا الكتاب الصغير. فبالنسبة لأولئك الذين بدأوا للتو في التوجّه إلى حياة الروح الداخلية، سيجدون هنا الإلهام والإرشاد الأكيد لبدايتهم الجديدة. وبالنسبة للذين قاموا بالفعل بإدخال برنامج من الصلاة والتأمل إلى حياتهم اليومية، فإن هذا الدليل سيساعد على إعادة تركيزهم وتعميق علاقتهم مع الله.

السمة المميزة في تعاليم برمهنسا يوغانندا هي أن الله ليس بعيداً، وليس من المستحيل الاقتراب منه. فالله في الحقيقة هو «أقرب من القريب، وأعز من الحبيب – وهو موجود تماماً خلف أفكارنا ومشاعرنا، وخلف الكلمات التي نصلي بها.»

وكما يوضح برمهنساجي في المختارات الموجودة في هذا الكتاب، إن خصصنا ولو القليل من الوقت كل يوم للصلاة والتأمل، فإن الأب والأم والصديق اللامتناهي يصبح حضوراً حياً ومنيراً في حياتنا – يجلب لنا القوة والتوجيه والتجديد والشفاء. وهذا هو دعائي لك أيها القارئ؛ وإنني أعلم بأنه سيكون دعاء برمهنساجي أيضاً.

لوس أنجلوس

يناير /كانون الثاني ١٩٩٨

* هذه الأساليب العلمية للتأمل التي لقّنها برمهنسا يوغانندا متوفرة ضمن سلسلة دروس منزلية من Self-Realization Fellowship.

# القسم ١

## الصلاة هي مطلب الروح

# ادخل إلى
# سكينة روحك

هيكل الله موجود داخل روحك. ادخل إلى هذا الهدوء واجلس هناك في التأمل حيث وهج البصيرة يتألق على المذبح، وحيث لا يوجد قلق ولا هموم، ولا بحث أو كفاح هناك. تعال إلى سكينة الخلوة...

---

ادخل إلى محرب الروح في أعمق أعماقك ... وتذكّر وتعرّف على صورة الله المنسية في داخلك.

---

كل واحد منا هو ابن الله. لقد ولدنا من روحه بكل نقائها ومجدها وفرحها. هذا التراث لا يمكن المساس به... يقول الكتاب المقدس: «أما تعلمون أنكم هيكل الله، وأن روح الله يسكن فيكم؟»

تذكّر دائماً أن أباك السماوي يحبك دون قيد أو شرط.

لا ينبغي لنا أن نهرب إلى الغابة للبحث عنه. يمكننا أن نجده في غابة الحياة اليومية هذه، في كهف السكينة الباطنية.

---

حتى لو لم تفعل أكثر من الصلاة الصادقة له، فإن فرحه العظيم سيأتي أخيراً إليك.

---

الصلاة الحقيقية هي تعبير روحي ومناشدة وجدانية. إنها توقٌ إلى الله نابع من صميم الذات ويتم التعبير عنه بحماس ملتهب.

---

تحدث إليه في قرارة نفسك وباستمرار، وعندها لن يتمكن من البقاء بعيداً عنك.

---

الرب هو أم جميع الأمهات، وأب جميع الآباء، والصديق الأوحد وراء كل الأصدقاء. إذا فكرت فيه على الدوام واعتبرته أكثر قرباً من القريب، فسوف تشهد عجائب كثيرة في حياتك. «إنه يسير معي ويتحدث معي ويقول لي إنني خاصته.»

## عندما تعجز كل الوسائل البشرية عن تقديم المساعدة

هناك طريقتان يمكن من خلالهما تلبية احتياجاتنا. إحداهما الطريقة المادية. على سبيل المثال، عندما نعاني من اعتلال الصحة، يمكننا الذهاب إلى الطبيب لتلقي العلاج الطبي. ولكن يأتي وقت لا تستطيع فيه المساعدات البشرية تقديم المساعدة. عندها نوجّه أنظارنا إلى الاتجاه الآخر، إلى القوة الروحية، صانعة أجسادنا وعقولنا وأرواحنا. القوة المادية محدودة، وعندما تفشل نلجأ إلى القوة الإلهية غير المحدودة. وهذا ينطبق على احتياجاتنا المالية. فعندما نبذل قصارى جهدنا، ومع ذلك يبقى مجهودنا غير كافٍ، فإننا نلجأ إلى تلك القوة الأخرى...

ويجب ألا يقتصر سعينا على الحصول على الأمن المالي والصحة الجيدة فحسب، بل يجب أن نسعى إلى البحث عن معنى الحياة. وماذا يعني ذلك؟ عندما نواجه صعوبات، فإننا نتعامل مع بيئتنا أولاً، ونقوم بإحداث أي تعديلات مادية نعتقد أنها قد تساعد. ولكن عندما نصل إلى حد القول: «إن كل ما جرّبته حتى الآن قد فشل؛ فما هي الخطوة التالية التي يتعين عليّ القيام بها؟» عندها نبدأ بالتفكير الجاد عن وجود حل. وعندما نتعمق في التفكير بما فيه الكفاية، نجد الإجابة

في داخلنا. وهذا شكل من أشكال الدعاء المستجاب.

---

عندما تكون الأمراض والمعاناة المزمنة خارجة عن سيطرة الرعاية البشرية؛ وعندما تفشل قوة الأساليب البشرية في علاج الأمراض الجسدية أو العقلية وتثبت محدوديتها، فيجب أن نطلب العون من الله ــ الذي لا حدود لقدرته.

---

تخلص من فكرة أن الرب بقوته العجيبة بعيد في السماء وأنك مجرد مخلوق صغير عاجز ومطمور تحت كومة من الصعوبات هنا على الأرض. تذكّر أن وراء إرادتك تكمن الإرادة الإلهية العظيمة. لكن تلك القوة الجبارة لا يمكنها أن تأتي لمساعدتك إلا إذا كنت متقبلاً لها.

---

## الله سيستجيب لطلباتك الودية

الله ليس كائناً كونياً أبكماً عديم الشعور. هو الحب ذاته. إذا كنت تعرف طريقة التأمل للاتصال به، فسوف يستجيب لطلباتك الودية. ليس عليك أن تستجدي؛ يمكنك أن تطلب منه بصفتك ابناً له.

---

إنني أفضّل كلمة «طلب» على كلمة «توسل»، لأن الأولى خالية من مفهوم العصور الوسطى البدائي عن إله طاغية كملك مستبد، يتعين علينا، كمتسولين، أن نتوسل إليه ونداهنه.

---

الصلاة هي مطلب روحي. لقد خلقنا الله على صورته ولم يجعلنا متسولين. الكتاب المقدس والأسفار المقدسة الهندوسية تعلن ذلك. المتسول الذي يذهب إلى بيت غني ويطلب صدقة يحصل على نصيب المتسول؛ ولكن يمكن للإبن أن يحصل

على أي شيء يطلبه من والده الثري. ولذلك لا ينبغي لنا أن نتصرف مثل المتسولين. المقدسون مثل السيد المسيح وكريشنا وبوذا لم يكذبوا عندما قالوا إننا مخلوقون على صورة الله. ومع ذلك، نرى أن بعض الناس يمتلكون كل شيء، كما لو أنهم وُلدوا وفي أفواههم ملعقة فضية، في حين يبدو أن آخرين يجذبون لأنفسهم الفشل والمتاعب. أين صورة الله فيهم؟ قوة الروح الإلهي تكمن داخل كل واحد منا، والنقطة الجوهرية هي كيفية تنمية تلك القوة.

## غيّر وضعك
## من متسول إلى ابن الله

---

إن سر الصلاة الفعالة يكمن في تغيير وضعك من متسول إلى ابن لله. وعندما تناشده من هذا الوعي، ستمتلك صلاتك القوة والحكمة معاً.

---

في يوحنا ١: ١٢ نجد مكتوباً: «وأما كل الذين قبلوه فأعطاهم سلطاناً أن يصيروا أبناء الله، أي المؤمنين باسمه.» لا يمكن استيعاب المحيط في كأس إلا إذا كان الكأس بحجم المحيط. وبالمثل، يجب أن يتسع كأس التركيز البشري والقدرات البشرية حتى نتمكن من فهم الله. يشير القبول إلى القدرة المكتسبة عن طريق تطوير الذات؛ وهو يختلف عن مجرد الاعتقاد.

---

كل الذين يعرفون كيف يَقبلونه يمكنهم أن يدركوا الألوهية

الهاجعة في داخلهم من خلال توسيع قوى العقل. وكوننا أبناء الله، لدينا القدرة الكامنة للسيادة على كل الأشياء في عالمه، تماماً مثلما يمتلك هو تلك القدرة.

## إذا كنا أبناء الله فلماذا ينبغي لنا أن نحزن ونتألم؟

لماذا لا تتحقق رغباتنا العديدة، ولماذا يعاني العديد من أبناء الله معاناة شديدة؟ فالله، بعدله الإلهي لا يمكنه أن يجعل طفلاً أفضل من الآخر. فهو في الأصل جعل كل النفوس سواسية، وعلى صورته. ولقد حصلتْ أيضاً على أعظم هبات الله: حرية الإرادة، والقدرة على التفكير والتصرف وفقاً لذلك. ففي مكان ما، وفي زمن ما في الماضي، انتهكت تلك النفوس قوانين الله المتنوعة، وبالتالي جلبت على أنفسها نتائج مشروعة...

لقد أساء الإنسان استخدام هذه الاستقلالية التي وهبها الله له، وبالتالي جلب على نفسه الجهل والمعاناة الجسدية والموت المبكر، وما يستتبع من أمراض. فهو يحصد ما يزرع. وقانون السبب والنتيجة [الكارما] يسري على كل الناس.

فالله، على الرغم من قدرته المطلقة، لا يتصرف بطريقة غير مشروعة أو اعتباطية لمجرد أن الإنسان يصلّي. لقد

منحَ الإنسان الحرية، والإنسان يفعل ما يحلو له بتلك الحرية. إن مسامحة الله لعيوب البشر بحيث يتمكن الإنسان من الاستمرار في سلوكه السيئ دون عواقب تعني أن الله يناقض نفسه، ويتجاهل قانون السبب والنتيجة الذي يسري على قانون الفعل [ورد الفعل]، ويتعامل مع حياة البشر، ليس وفقاً للقوانين التي خلقها بنفسه، بل حسب أهوائه. ولا يمكن لله أن يتأثر بالتملق أو التسبيح كي يغيّر مسار قوانينه الثابتة. فهل يجب علينا إذاً أن نعيش دون أن تشفع لنا نعمة الله ورحمته، ونظل ضحية للضعف والعجز البشريين؟ وهل يتحتم علينا أن نحصد غلة أعمالنا كما لو كان ذلك أمراً مقدراً علينا أو ما يسمى بالقضاء والقدر؟ الجواب هو لا! الرب هو قانون ومحبة في نفس الوقت. فالمتعبد الذي يسعى بإخلاص وإيمان صادق للحصول على محبة الله غير المشروطة، والذي يعمل أيضاً على جعل أفعاله متوافقة مع القانون الإلهي، سوف يحظى بالتأكيد بلمسة الله المطهرة والمخففة [للعواقب].

---

القوة الإلهية تريد من تلقاء ذاتها مساعدتك، وليس مطلوباً منك أن تستجدي وتتملق. لكن عليك أن تستخدم إرادتك لتطلب من الله كابن له، وأن تتصرف كابن له.

[المريدون الحقيقيون] يعلمون أنه حتى لو لم يتمكنوا من التخلي عن العادات السيئة، فإنهم يستطيعون التقرب من الله أكثر فأكثر من خلال دعوته باستمرار وتوقع حضوره في كل الأوقات – ليكون معهم في حياتهم اليومية ولكي يستجيب لهم عندما يناجونه بالصلاة. إنهم يعلمون أن كل شيء مستطاع عند الله، وأن معظم الفهم يقع خارج نطاق العقل. عندما يطلب المريد بإصرار مساعدة الله وحضوره، ويتصوره بمحبة ويؤمن بحضوره الكلي، سيكشف الله عند ذلك عن ذاته بشكل ما. ومع بزوغ نور ذلك الكشف، تنجلي ظلمة العادات الشريرة تلقائياً لتظهر النفس نقية، غير ملطخة بالشوائب.

## لا تقيّد نفسك الخالدة بالعادات البشرية

إن كنت تشعر بحب عميق لله، يمكنك أن تطلب منه أي شيء. كل يوم أطرحُ عليه أسئلة جديدة، فيجيبني. إنه لا يتضايق أبداً من أي سؤال صادق نطرحه عليه. حتى أنني أعاتبه أحياناً لأنه بدأ هذا الخليقة: أقول له: «من سيعاني من الكارما الناجمة عن كل الشرور في هذه الدراما؟ وبصفتك الخالق فأنت متحرر من الكارما. فلماذا عرّضتنا لهذا البؤس؟» أعتقد أنه يشعر بحزن عميق من أجلنا. إنه يرغب في إعادتنا إليه لكنه لا يستطيع أن يفعل ذلك بدون تعاوننا وجهودنا الذاتية.

---

ما فعلناه يمكننا إبطال مفعوله.

---

ما الذي تخشاه؟ أنت كائن خالد. أنت لست رجلاً ولا امرأة،

كما قد تظن، بل أنت روح سعيدة وأبدية. لا تقيد نفسك الخالدة بالعادات البشرية... حتى في خضم التجارب القاسية، قل: «لقد بُعثِت نفسي من جديد، وقدرتي على التغلب والانتصار أعظم من كل تجاربي التي أمرّ بها، لأنني ابن الله.»

لا تدع أحد يدعوك خاطئاً. لقد خلقك الله على صورته. إن إنكار تلك الصورة هو أعظم خطيئة في حق نفسك... قد يسود الظلام في كهف لآلاف السنين، لكن إن أشعلت النور سيختفي الظلام وكأنه لم يكن أبداً. وبالمثل، مهما كانت عيوبك، فإنها ستفارقك عندما تجلب نور الخير إلى حياتك.

عندما تتعاظم تجاربي، أسعى أولاً للحصول على الفهم داخل نفسي. إنني لا ألوم الظروف ولا أحاول تصحيح أي شخص آخر. أتوجه إلى الداخل أولاً وأحاول تنظيف معقل روحي وإزالة كل ما من شأنه أن يعيق إظهار النفس لحكمتها وقدرتها الكلية. هذه هي الطريقة الناجحة للعيش.

اغمر نفسك بالتفكير بالله. إن اسمه القدوس هو قوة كل القوى. وهو بمثابة الدرع الذي يصد ويشتت كل الاهتزازات السلبية.

# علاقتنا بالله
## ليست علاقة باردة وغير شخصية

إن علاقتنا مع الله ليست علاقة باردة وغير شخصية، كالعلاقة التي بين رب العمل والعامل. نحن أبناؤه. ولا بد أن يستمع إلينا! لا يمكن تجاهل حقيقة أننا أبناؤه. نحن لسنا مجرد مخلوقات خلقها؛ نحن جزء منه. لقد جعلنا أمراء، أما نحن فقد اخترنا أن نصبح عبيداً. إنه يريدنا أن نصبح أمراء مرة أخرى، وأن نعود إلى مملكتنا. ولكن لا أحد – بعد أن تخلّى عن تراثه الإلهي – سيستعيد ذلك التراث دون مجهود ذاتي. نحن مخلوقون على صورته، لكننا نسينا هذه الحقيقة بطريقة أو بأخرى. لقد استسلمنا للوهم بأننا كائنات فانية، وعلينا أن نمزق حجاب هذا الوهم بخنجر الحكمة.

---

تعتمد أديان العالم المختلفة بشكل أو بآخر على معتقدات الإنسان. لكن الأساس الحقيقي للدين يجب أن يكون عِلماً يمكن لجميع المريدين تطبيقه للوصول إلى أبينا الأوحد – الله. اليوغا هي هذا العلم.

---

لقد هبطنا [إلى هذه الأرض] من عند الله، وعلينا أن نصعد ثانية إليه. يبدو أننا انفصلنا عن أبينا السماوي، وعلينا أن نتحد معه بوعي ودراية. تعلّمنا اليوغا كيف نتجاوز وهْمَ الانفصال وندرك وحدتنا مع الله. لقد كتب الشاعر ميلتون عن نفس الإنسان وكيف يمكنها استعادة فردوسها. هذا هو غرض اليوغا وهدفها – استعادة فردوس الوعي الروحي المفقود والذي من خلاله يعرف الإنسان أنه كان وسيكون دوماً، واحداً مع الروح الكلي.

إن عشت مع الرب، فسوف تشفى من أوهام الحياة والموت، والصحة والمرض. اثبت في الرب واشعر بحبه. لا تخشَ شيئاً. فقط في الحصن الإلهي يمكننا أن نجد أمناً وحماية. ما من ملاذ يوفر الحماية والفرح أكثر من حضور الرب. عندما تكون معه لا يمكن لأي شيء أن يسبب لك القلق.

عش في قلعة حضوره... واحمل فردوساً متنقلاً في داخلك.

## هناك طريقة صحيحة للصلاة

ربما شعرت بخيبة أمل في الماضي لأن صلواتك لم تُستجب. ولكن لا تفقد الإيمان. ولكي تعرف ما إذا كانت الصلاة فعّالة أم لا، يجب أن يؤمن عقلك أولاً بقوة الصلاة.

ربما لم تلقَ صلواتك استجابة لأنك اخترت أن تكون متسولاً. كما ينبغي لك أيضاً أن تعرف ما يمكنك أن تطلبه بطريقة مشروعة من أبيك السماوي. قد تصلّي من كل قلبك وقوتك لتمتلك الكرة الأرضية، لكن صلاتك لن تُستجاب، لأن كل الصلوات المرتبطة بالحياة المادية محدودة ويجب أن تكون كذلك. لن يكسر الله قوانينه لإرضاء رغبات غير معقولة. ولكن هناك طريقة صحيحة للصلاة.

---

يجب علينا أن نطلب بمحبة كأبناء لله وليس كمتسولين. كل صلاة توسلية، مهما كانت صادقة، تحد وتقيد النفس. كأبناء الله، يجب علينا أن نؤمن بأن كل ما للآب هو أيضاً لنا. وهذا حق طبيعي لنا. لقد أدرك السيد المسيح حقيقة «أنا وأبي واحد». ولهذا كان له سلطان على كل شيء، مثلما كان لأبيه

السماوي. معظمنا يتوسل ويصلي دون أن نرسّخ في أذهاننا حقنا الإلهي. ولهذا السبب إننا مقيدون بقانون التسول. ليس علينا أن نستجدي، بل أن نستعيد مكانتنا ونطلب من أبينا ما ظننا، من خلال تصورنا البشري، أننا فقدناه.

في هذه المرحلة يصبح من الضروري القضاء على الفكرة المزمنة والخاطئة بأننا بشر ضعفاء.

# اعرف نفسك بأنك روح
# وبأنك ابن الله

---

من خلال التأمل العميق تدرك بأن ذاتك هي روح، وبأنك ابن لله، ومخلوق على صورته.

---

لقد كنتَ في حالة من الهلوسة، معتقداً أنك بشر لا حول له ولا قوة... يجب أن تجلس كل يوم بهدوء وتؤكد لنفسك بقناعة عميقة: «لا ولادة لي ولا موت، ولا طبقة ولا طائفة... أنا الروح الكلي المغبوط. أنا السعادة اللامتناهية.» إذا ردّدت هذه الأفكار مراراً وتكراراً، ليلاً ونهاراً، فسوف تدرك في النهاية حقيقتك: نفس خالدة.

---

## أكد على طبيعتك الحقيقية

لا تتصرف ككائن بشري منكمش ذليل. أنت واحد من أبناء الله!

—✦—

أكد أنك ابن الله، وتمعّن بما قاله السيد المسيح: «أنا وأبي واحد».

—✦—

إن تأكيدنا الداخلي على هويتنا الروحية يكفي لتفعيل قانون استجابة الصلوات. لقد تم استخدام هذا القانون من قبل الأولياء والقديسين في كل البلدان. ومن أعماق تجربته الذاتية، استطاع السيد المسيح أن يمنحنا هذا التأكيد المجيد: «إن كان لكم إيمان ولا تشكّون... إن قلتم لهذا الجبل: انتقل وانطرح في البحر، سيكون، وكل ما تطلبونه في الصلاة مؤمنين تنالونه.»

—✦—

# «إنني أؤمن بالله فلماذا لا يساعدني؟»

الإيمان بالله والاعتقاد بالله أمران مختلفان. الإيمان لا قيمة له إذا لم تختبره وتحيا به. الاعتقاد الذي يتحول إلى اختبار يصبح إيماناً. لهذا قال لنا ملاخي النبي: «جرّبوني بهذا، يقول رب الجنود، إن كنت لا أفتح لكم كوى السماوات وأفيض عليكم بركة حتى لا توسع.»

―――

الإيمان، أو الاختبار الحدسي لكل الحقيقة، موجود في النفس. إنه يولّد الأمل في الإنسان والرغبة في الإنجاز... البشر العاديون لا يعرفون شيئاً عملياً عن هذا الإيمان البديهي الكامن في النفس، والذي هو المنبع السري لأقصى آمالنا وتطلعاتنا.

―――

الإيمان يعني المعرفة والاقتناع بأننا مخلوقون على صورة الله. عندما نكون متناغمين مع وعيه بداخلنا، يمكننا أن نخلق

عوالم. تذكّر أن في إرادتك تكمن قوة الله القديرة. عندما تنهال عليك الصعوبات وترفض الاستسلام بالرغم منها؛ وعندما يصبح عقلك «راسخاً لا يتزعزع»، ستجد أن الله يستجيب لك.

---

يجب تنمية الإيمان، أو بالأحرى الكشف عنه في داخلنا. إنه موجود ولكن لا بد من إظهاره. إذا راقبت حياتك فسوف ترى الطرق التي لا حصر لها التي يعمل بها الله من خلالها؛ وهكذا سيتعزز إيمانك. قليل من الناس ينظرون إلى يده الخفية. معظم الناس يعتبرون أن مسار الأحداث طبيعي ولا يمكن تغييره. وقلائل هم الذين يعرفون التغييرات الجذرية التي يمكن أن تحدث بواسطة الصلاة!

---

## الإيمان يعطي الدليل على استجابة الله

يستجيب الله عندما تصلي إليه بعمق وبإيمان وتصميم. أحياناً يجيبك بوضع فكرة في ذهن شخص آخر يستطيع أن يحقق رغبتك أو حاجتك؛ وبالتالي يصبح هذا الشخص بمثابة أداة في يد الله لتحقيق النتيجة المرجوة. إنك لا تعرف مدى روعة هذه القوة العظيمة وطريقة عملها. انها تعمل بدقة العمليات الحسابية. لا يوجد «إذا» حول عمل هذه القوة. وهذا ما يعنيه الكتاب المقدس بالإيمان: إنه الإيقان بأمور لا تُرى.

# حاول أن تختبر قناعاتك الروحية

لقد وصلت ممارسة الدين إلى مرحلة حيث لا يحاول سوى عدد قليل جداً من الناس أن يجعلوا أفكارهم الروحية تجربة حقيقية... معظم الأشخاص يصبحون مكتفين ذاتياً بما قرأوه عن الحقيقة، دون أن يختبروا الحقيقة على الإطلاق.

---

عندما تحاول اختبار قناعاتك الروحية، يبدأ عالم آخر بالانفتاح أمامك. لا تعش في شعور زائف بالأمان، معتقداً أنك ستحصل على الخلاص بانضمامك إلى عضوية مؤسسة دينية. عليك أن تقوم ببذل مجهود ذاتي لمعرفة الله. قد يكون عقلك مقتنعاً بأنك متدين جداً، ولكن ما لم يكن وعيك راضياً عن الاستجابات المباشرة لصلواتك، فلن يتمكن أي قدْر من الدين الرسمي من منحك الخلاص. ما فائدة الدعاء إلى الله إذا لم يستجب للدعاء؟ ومع أن الحصول على استجابته صعب، لكن ذلك ممكن. ولكي تضمن وصولك النهائي إلى الجنة، عليك أن تختبر قوة صلواتك إلى أن تجعلها فعّالة.

---

# اختبر قوة صلواتك

قد يحتج بعض الأشخاص قائلين: «أنا أعلم أن صلواتي مستجابة، لأني أسمع الله يتحدث معي. ولقد تأكدت من استجابته لصلواتي.» ولكن هل أنت متأكد من أن صلواتك وصلت بالفعل إلى الله، وأنه استجاب لها استجابة واعية؟ ما هو الدليل؟ لنفترض أنك صليت من أجل الحصول على الشفاء وأن حالتك تحسنت. هل تعرف ما إذا كان شفاؤك ناجم عن أسباب طبيعية، أم أنه بسبب الدواء، أم أن صلواتك أو صلوات شخص آخر هي التي جلبت لك العون من الله؟ في بعض الأحيان لا توجد علاقة سببية بين الصلاة والشفاء. ربما شفيت حتى لو لم تُصلِ. هذا هو السبب وراء ضرورة معرفة ما إذا كان بإمكاننا استخدام قانون السبب والنتيجة استخداماً علمياً عن طريق الصلاة. لقد وجد حكماء الهند أن الله يستجيب وفقاً لقانون. وقال أولئك الذين شهدوا هذه الاستجابة إن جميع الأشخاص الذين يراعون القانون يمكنهم اختباره وتجربته بأنفسهم.

إذا اجتمع العلماء وفقط صلّوا من أجل الاختراعات، فهل سيحصلون عليها؟ كلا. عليهم أن يطبقوا قوانين الله. إذاً كيف يمكن لمكان عبادة أن يُظهر لك الله فقط بالصلاة أو الطقوس العمياء؟

---

لا يمكن «رشوة» الله بالتقْدِمات أو الكفارات أو الطقوس الخاصة وحدها لتغيير قانونه على نحو انتقائي؛ ولا يستجيب للصلاة العمياء أو بدافع المحاباة. بل يمكن أن يستجيب فقط من خلال تعاون الإنسان مع القانون، ومن خلال المحبة: فالمحبة هي قانون. عندما يغلق الإنسان نوافذ حياته إلى ما لا نهاية أمام أشعة الله المتمثلة في الصحة والقوة والحكمة، فإن الإنسان هو الذي يجب أن يبذل الجهد لإعادة فتح هذه النوافذ للسماح بدخول نور الله الشافي الممنوح دون مقابل، والذي ينتظر الدخول.

---

يجب علينا أن نفكر، ونتأمل، ونؤكّد، ونؤمن، وندرك يوميًا أننا أبناء الله ــ ونتصرف على هذا الأساس! قد يستغرق هذا الإدراك وقتاً، لكن يجب أن نبدأ بالطريقة الصحيحة، بدلاً من

الانهماك في صلوات تسولية غير علمية وبالتالي نتعرض للكفر أو الشكوك أو الشعوذة والخرافات. فقط عندما لا ترى «الأنا» الغافية في هجعة النوم نفسها كجسد، بل كروح حرة أو صورة الله، تقيم في الجسد وتعمل من خلاله، يمكنها أن تطالب بحقوقها الإلهية بحق ومشروعية.

# القسم ٢

## التركيز الداخلي:
## تمهيد للصلاة الحقيقية

## تذكّر السيد الرب الساكن في داخلك

اعمل على تنمية الوعي بأن الله معك.

---

الرب يبدو بعيداً فقط لأن انتباهك موجّه إلى الخارج نحو خليقته، وليس إلى الداخل نحوه. عندما يتنقل فكرك في متاهات الأفكار الدنيوية التي لا تعد ولا تحصى، عد به بصبر إلى ذكر الرب الساكن في داخلك. ومع مرور الوقت ستجده معك دائماً – إلهاً يتحدث معك بلغتك الخاصة، إلهاً يطل عليك وجهه من كل زهرة وشجيرة وورقة نبات. عندها ستهتف: «أنا حرٌّ! إنني مغلّف بأشعة الروح الشفافة وأطير من الأرض إلى السماء بأجنحة من نور.» ويا للفرح العظيم الذي سيغمر كيانك!

---

أيها الروح الإلهي، باركنا كي تلهج قلوبنا بذكرك على

الدوام. ومهما قلنا بألسنتنا، فلتردد قلوبنا اسمك إلى الأبد.

---

ذات مرة، عندما كنت أتأمل، سمعت صوته يهمس: «تقول إنني بعيد، لكنك لم تأتِ إلى الداخل. ولهذا السبب تقول إنني بعيد. إنني موجود في داخلك دوماً. ادخل وسوف تراني. فأنا هنا ومستعد دائماً لاستقبالك وتحيتك.»

---

## «متى صليت ادخل إلى مخدعك»

الكلمة السنسكريتية «فيسفاس visvas» تعني الإيمان وتعبّر عنه أروع تعبير.

الترجمة الحرفية الشائعة لهذه الكلمة هي «أن تتنفس الصعداء؛ أن تمتلك الثقة؛ وأن تتحرر من الخوف.» لكن هذه العبارات لا تنقل المعنى الكامل للكلمة. فالكلمة السنسكريتية «سفاس svas» تشير إلى حركات التنفس، مما يعني الحياة والشعور. أما الحرفان «في vi» فيعنيان «عكس؛ بدون.» أي من كان نَفَسَهُ وحياته ومشاعره هادئة، يمكنه أن يمتلك الإيمان النابع من الحدس الباطني؛ والذي لا يمكن أن يمتلكه الأشخاص الذين يعانون من الاضطراب العاطفي. إن تنمية الإحساس الباطني بالهدوء تتطلب تفتح الحياة الداخلية. عندما يتم تطوير الحدس بما فيه الكفاية فإنه يجلب الفهم الفوري للحقيقة. يمكنك الحصول على هذا الإدراك الرائع، والتأمل هو الطريق.

تأمل بصبر ومثابرة. وفي الهدوء المتحصل سوف تدخل مجال الروح عن طريق بصيرة النفس. إن الذين حصلوا على الاستنارة هم أولئك الذين لجأوا على مر الأجيال إلى هذا العالم الداخلي للتواصل مع الله. قال السيد المسيح: «متى

صليت فادخل إلى مخدعك وأغلق بابك وصلِّ إلى أبيك الذي في الخفاء فأبوك الذي يرى في الخفاء يجازيك علانية.» اذهب إلى داخل الذات، وأغلق باب الحواس وارتباطها بالعالم المضطرب، وسيُظهر لك الله كل عجائبه.

# كيف عثر القديسون على الله لأول مرة؟

كيف تمكن الباحثون من العثور على الله لأول مرة؟ كخطوة أولى، أغمضوا عيونهم لمنع الاتصال المباشر بعالم المادة، حتى يتمكنوا من التركيز بشكل كامل على اكتشاف العقل الذي يكمن وراءه. لقد استنتجوا أنهم لا يستطيعون معاينة الحضور الإلهي في الطبيعة من خلال الإدراك العادي للحواس الخمس. لذلك بدأوا بمحاولة الإحساس به داخل أنفسهم من خلال التركيز المعمّق بشكل كبير. وفي نهاية المطاف اكتشفوا الطريقة لوقف عمل جميع الحواس الخمس، وبالتالي التخلص مؤقتاً من الوعي بالمادة. عندها بدأ عالم الروح الداخلي ينفتح أمامهم. ولهؤلاء العظماء في الهند القديمة، الذين ثابروا على هذه الاستكشافات الداخلية، أظهر الله أخيراً ذاته لهم. وهكذا بدأ القديسون تدريجياً في تحويل تصوراتهم عن الله إلى مدركات له. وهذا ما ينبغي أن تفعله أيضاً، إذا أردت أن تعرفه.

# عندما تمارس الصمت ينتهي صمت الله

إن الأحاسيس المتدفقة عبر الأعصاب الحسية تجعل العقل ممتلئاً بعدد لا يحصى من الأفكار الصاخبة، بحيث يكون الاهتمام كله موجهاً نحو الحواس. لكن صوت الله هو الصمت. فقط عندما تتوقف الأفكار، يمكن للمرء أن يسمع صوت الله الذي يتواصل [مع المريدين] عبر الحدس في لحظات الهدوء والصمت. تلك هي وسيلة الله للتعبير عن ذاته. عندما تمارس الصمت ينتهي صمت الله. إنه يتحدث إليك من خلال حدسك. بالنسبة للمريد الذي يتوحد وعيه داخلياً مع الله، لا ضرورة للحصول على استجابة مسموعة من الله ــ فالأفكار النابعة من اليقين والرؤى الحقيقية تكوّن صوت الله. هذه الأفكار والرؤى ليست ناجمة عن الحواس، بل هي نتيجة لمزيج من صمت المريد وصوت الله الصامت.

لقد كان وما زال الله معنا طوال الوقت. إنه يتحدث إلينا لكن صوت صمته قد غرق في ضجيج أفكارنا: «لقد أحببتني دوماً يا رب، لكنني لم أسمعك.» إنه دائم القرب منا ونحن الذين ابتعدنا عن وعيه.

وعلى الرغم من لامبالاتنا وسعينا وراء الملذات الحسية، لا يزال الله يحبنا، وسيحبنا دائماً. ولكي نعرف ذلك، علينا

أن نسحب أفكارنا من الأحاسيس ونمارس الصمت الداخلي. إن إسكات الأفكار يعني تحويلها إلى الله. عندها تبدأ الصلاة الحقيقية.

# عندما تصلي لا تفكر بأي شيء سوى الروح الإلهي

عندما نصلي، يجب أن نبذل قصارى جهدنا لتركيز كل انتباهنا على الله، بدلاً من قول «الله، الله، الله» وترك عقولنا تنشغل بشيء آخر. كانت إحدى عمّاتي معتادة على ترديد صلواتها على السبحة. وكان بالإمكان مشاهدتها دوماً وهي تحرّك خرزات السبحة بأصابعها. لكنها اعترفت لي ذات يوم أنها بالرغم من القيام بذلك لمدة أربعين عاماً إلا أن الله لم يستجب لصلواتها أبداً. لا عجب! فإن «صلواتها» لم تكن أكثر من مجرد عادة من عادات الجسد العصبية. عندما تصلي لا تفكر بأي شيء سوى بالروح الإلهي.

---

إن التكرار الأعمى للمناشدات أو التوكيدات، دون أن يصاحبها إخلاص أو حب عفوي، يجعل المرء مجرد «فونوغراف يردد صلوات» ولا يعرف ماذا تعني تلك الصلوات. إن التلفظ بالصلوات بطريقة آلية، والتفكير في نفس الوقت بشيء آخر، لا يجلب استجابة من الله. إن النطق

الباطل باسم الله على غير هدى هو أمر عديم الجدوى، في حين تكرار المناشدات أو الصلوات ذهنياً أو شفهياً بمحبة وانتباه عميق، يضفي على الصلاة مسحة روحانية ويحوّل التكرار الواعي والإيماني إلى اختبار الوعي السامي.

## أي صلاة ستجلب أسرع استجابة من المحبوب الإلهي؟

امنح الله درر المناجاة المخبأة في أعماق منجم قلبك.

---

لا ينبغي للمرء أن يعتمد على كتاب للتعبير عن حبه عندما يلتقي بالحبيب، بل عليه أن يستخدم كلمات تلقائية نابعة من قلبه. إذا استخدم أحدهم كلمات شخص آخر للتعبير عن المحبة أثناء مناجاة الله فيجب أن يجعل تلك الكلمات كلماته الخاصة، من خلال فهمها فهماً تاماً والتعمق في إدراك معناها، وشحن تلك الكلمات بأقصى قدر من التركيز ومشاعر المحبة. ليس من الخطأ أن يخاطب المحبُ الحبيبَ بكلمات شاعر عظيم، وأن ينعش تلك الكلمات بحبه ويبث فيها الحياة بإحساسه الوجداني.

---

# حِب الله
# من كل قلبك

إن أسمى الوصايا المعطاة للإنسان هي أن تحب الله من كل قلبك، ومن كل نفسك، ومن كل فكرك، ومن كل قدرتك؛ والوصية الثانية أن تحب قريبك كنفسك. إذا عملت بهاتين الوصيتين، فإن كل شيء سيحدث بانسجام وبالطريقة الصحيحة. لا يكفي أن تكون أخلاقياً متشدداً فحسب، فالحجارة والماعز لا تنتهك القوانين الأخلاقية؛ ومع ذلك، فهي لا تعرف الله. ولكن عندما تحب الله محبة عميقة، فحتى لو كنت أعظم الخطاة، سوف تتغير نحو الأفضل وتحصل على الخلاص. قالت القديسة العظيمة ميراباي: «للعثور على الإله، المطلب الوحيد الذي لا غنى عنه هو الحب.» هذه الحقيقة أثّرت بي وحرّكت أعمق مشاعري.

جميع الأنبياء يحفظون هاتين الوصيتين الأوليتين. أن تحب الله من كل قلبك يعني أن تحبه بالحب الذي تشعر به تجاه أعز شخص عليك – بحب الأم أو الأب للطفل، أو المُحب للحبيبة. أعطِ هذا النوع من الحب غير المشروط لله. أن تحب الله من كل نفسك يعني أنك تستطيع أن تحبه حقاً عندما تعرف ذاتك، من خلال التأمل العميق، بأنك نفسٌ، ابن لله، مخلوق على صورته. ومحبة الله من كل فكرك تعني

أنه عندما تصلّي، يجب أن يكون كل انتباهك محصوراً به ومُركزاً عليه، دون أن تشتته أفكار مضطربة. في التأمل، فكّر في الله فقط ولا تدع عقلك يهيم في كل شيء إلا الله. ولهذا السبب تبرز أهمية اليوغا. فهي تمكّنك من التركيز. عندما تتمكن بواسطة اليوغا من سحب قوة الحياة المضطربة من الأعصاب الحسية وتحولها إلى الداخل للتفكير في الله، فأنت بذلك تحبه من كل قوتك – ويصبح كل كيانك متركزاً عليه ومغموراً به.

## وماذا إن لم يشعر المرء بالحب نحو الله؟

إن الجلوس في الصمت محاولاً الشعور بالحب لله قد لا يجديك نفعاً. لهذا السبب أعلّم أساليب التأمل العلمي. مارس هذه الأساليب وستتمكن من عزل العقل عن المشوشات الحسية وعن تدفق الأفكار التي لا تهدأ. بممارسة الكريا يوغا* يرتقي وعي الممارس ويعمل على مستوى أرفع. عندها يبزغ الإخلاص والحب للروح اللانهائي تلقائيا في قلب الإنسان.

* هذا العلم الروحي المتقدم للتواصل الداخلي مع الله، والذي نشأ منذ آلاف السنين في الهند، يتم تلقينه ضمن تعاليم برمهنسا يوغانندا في دروس Self-Realization Fellowship (ملاحظة الناشر)

## عندما تتوقف الحركة يبدأ الإحساس بالله

تعلّم أن تبقى هادئاً جسماً وعقلاً، لأنه عندما تتوقف الحركة، يبدأ الإحساس بالله.

———

مشكلتك في التأمل هي أنك لا تثابر لفترة كافية للحصول على نتائج. ولهذا السبب فإنك لا تعرف أبداً قوة العقل المركّز. إذا تركتَ المياه الموحلة ثابتة دون أن تحركها لفترة طويلة، فسوف يستقر الطين في القاع ويصبح الماء صافياً. في التأمل، عندما يبدأ طين أفكارك المضطربة في الاستقرار، تبدأ قوة الله بالانعكاس في المياه الصافية لوعيك.

———

لا يمكن رؤية انعكاس القمر بوضوح في المياه العكرة، ولكن عندما يكون سطح الماء هادئاً يظهر انعكاس القمر بكل جلاء. كذلك بالنسبة للعقل: عندما يكون هادئاً ترى بوضوح

انعكاس وجه الروح الشبيه بالبدر المكتمل. بصفتنا نفوساً فنحن انعكاسات لله. عندما نستخدم طرق التأمل ونسحب الأفكار المضطربة من بحيرة العقل، فإننا نرى نفسنا، التي هي انعكاس نقي للروح الكلي، وندرك أن النفس والله واحد.

# تعلّم كيفية بث صلواتك لله والحصول على استجابته

كما أنه لا يمكن البث من ميكروفون معطل، هكذا لا يمكن للعقل المشوش أن يرسل صلوات إلى الله.

---

باستخدام وسائل التأمل بمهارة يمكنك إصلاح ميكروفونك العقلي. عندما تشعر بالهدوء يكون الميكروفون العقلي في حالة جيدة. هذا هو الوقت الأنسب لبثّ أول وأهم مطلب وديّ لك وهو الابتهال: «يا أبتاه، دعني أدرك مرة أخرى أننا أنت وأنا واحد.» كرر ذلك بصوت عالٍ، ثم همساً، وأخيراً أكّد بالفكر فقط: «يا أبتاه، أنت وأنا واحد.»

---

لا تتوقف بعد محاولة أو محاولتين إذا بدا لك أن الله لا يستجيب. لا يمكنك الحصول على إجابة من شخص ما بمجرد مناداته عبر ميكروفون ثم الهروب. لذلك لا تتوقّف

بعد عملية بث فكري لمرة واحدة أو مرتين. بالمجهود الواعي والحماس، واصل التحدث فكرياً إلى الله والشعور بشوق متعاظم له في قلبك.

ارفع صلواتك بفطنة وذكاء، وبنفس متأججة حنيناً – ليس بصوت عالٍ، بل فكرياً – دون أن تُطلِع أحداً على ما يحدث في داخلك. صلِّ بأكبر قدر من الحب والإخلاص، مدركاً أن الله يستمع إلى كل كلمة تنبع من قلبك.

إن بقيت، بعد محاولات متكررة، لا ترى الله أو تسمعه يدق على باب قلبك، فلا تشعر بالتثبيط والإحباط. منذ زمن بعيد وأنت تهرب منه، مختبئاً في مستنقعات الحواس. إن ضجيج أهوائك الصاخبة وخطواتك المتثاقلة في عالم المادة جعلتك غير قادر على سماع ندائه في داخلك. توقف. التزم الهدوء وابتهل بإخلاص وثبات، ومن الصمت سيبزغ الحضور الإلهي.

عندما تشعر بأن رعشة من الفرح، المنبثق بقوة في داخلك، تتوسع في قلبك وتغمر جسمك كله، وتظل تزداد حتى بعد التأمل، تكون قد حصلت على الدليل الأكيد بأن الله قد استجاب لك من خلال لاسلكي قلبك المتناغم. القلب الذي هو مركز الشعور، والفكر الذي هو مركز العقل، يجب أن يكونا متركزين في نقطة واحدة حتى تصل رسالة اللاسلكي الذهنية إلى الله، ولكي تتلقى إجابته.

كلما تأملت و صليت له لفترة أطول و أعمق، كلما تعمق شعورك وإدراكك بالفرح المتزايد في قلبك. عندئذ ستعرف دون أدنى شك أن هناك إلهاً، وأن حضوره الواعي موجود على الدوام، وأنه الفرح الدائم المتجدد. هذا هو الوقت المناسب لتطلب منه قائلاً: «يا أبتاه، الآن، اليوم، في كل يوم، وفي كل غد، وكل لحظة؛ في النوم، في اليقظة، في الحياة، في الموت، في هذا العالم وفي الآخرة، ابق معي واستجب لي كفرح أحس به في قلبي.»

بعد الصلاة، اسأل الله إن رغبت في شفاء الجسد، أو بحبوحة العيش، أو أي مساعدة دنيوية أخرى تشير حكمتك التمييزية إلى أنها ضرورية.

صلِّ إلى أن يستجيب لك الله من خلال صوت الفرح الواضح المتفجر الذي لا حدود له والذي يتخلل كل خلية في جسدك وكل فكرة في عقلك. أو من خلال رؤىً حقيقية تُظهر لك ما يتوجب عليك فعله. صلّ بلا انقطاع حتى تتأكد تماماً من أنك على تواصل مع الله، ثم اطلب ما تحتاجه جسدياً أو عقلياً أو روحياً من الله العلي كحقٍ إلهي لك.

# القسم ٣

## اعرف ما ينبغي أن تصلي من أجله

# ما هي أفضل صلاة؟

قل للرب: «أخبرني بمشيئتك». لا تقل: «أريد هذا وأريد ذاك»، ولكن ثق وآمن بأنه يعرف ما تحتاجه. وسترى أنك تحصل على أشياء أفضل بكثير عندما يختارها هو لك.

---

حدد بصدق ما إذا كانت صلاتك مشروعة أم لا. لا تطلب من الله أشياء يستحيل تحقيقها تماماً في النظام الطبيعي للحياة. اطلب فقط الاحتياجات الحقيقية واعرف الفرق بين «الاحتياجات الضرورية» و«الاحتياجات غير الضرورية».... تخلّص من الرغبات في الحصول على ممتلكات لا داعي لها. ركّز فقط على احتياجاتك الحقيقية. إن أعظم حاجة لك هي الله. فهو لن يعطيك «احتياجاتك الضرورية» فحسب، بل «احتياجاتك غير الضرورية» أيضاً. وسوف يحقق كل رغباتك عندما تتوحد معه. وسوف تتحقق أحلامك التي قد تبدو عصية على التحقيق.

---

الأشياء التي تحتاجها في الحياة هي تلك التي ستساعدك على تحقيق هدفك الرئيسي. الأشياء التي قد تريدها ولكن لا تحتاج إليها قد تبعدك عن هذا الهدف. لن يتحقق النجاح إلا من خلال جعل كل شيء يخدم هدفك الرئيسي. فكر فيما إذا كان تحقيق الهدف الذي اخترته سيشكل نجاحاً. ما هو النجاح؟ إذا كنت تمتلك الصحة والثروة ولكن لديك مشاكل مع الجميع (بما في ذلك نفسك)، فحياتك ليست ناجحة، والوجود يصبح عديم الجدوى إذا لم تتمكن من العثور على السعادة. عندما تفقد الثروة، تكون قد خسرت القليل؛ وعندما تفقد الصحة، فإنك تفقد شيئاً أكثر أهمية؛ ولكن عندما تفقد راحة البال، تكون قد فقدت أثمن وأعظم الكنوز.

# كلما ركزت أكثر على الأمور الخارجية كلما أصبحت أقل سعادة

البغل الذي يحمل على ظهره كيساً من الذهب لا يعرف قيمة ذلك الحمل. وبالمثل، فإن الإنسان منهمك في حمل أعباء الحياة، على أمل الحصول على بعض السعادة في نهاية الطريق، لدرجة أنه لا يدرك أنه يحمل في داخله نعيم الروح الأسمى والأبدي. ولأنه يبحث عن السعادة في «الأشياء»، فهو لا يعلم أنه يمتلك بالفعل ثروة من السعادة داخل نفسه.

## الله ليس شيئا عليك أن تكسبه

بعد فترة من الوقت، تصبح وسائل الراحة البشرية عبئاً وتفقد متعتها، لأنك تجد أن الاهتمام بها يتطلب عملاً شاقاً. وهكذا «تدفع» ثمن كل ما تحصل عليه إلا البركة الإلهية. وللحصول عليها لا تحتاج إلا للجلوس بهدوء والتماسها من أبيك السماوي. لو أنني اعتقدت أنه كان يتعين عليّ أن أكسب الله لما كنت حاولت. إنني كابن له فمن حقي أن أعرفه. إذا طلبت حقك من الآب، سيعطيك إياه. إنه يأتي لأولئك المريدين الذين يطلبونه برغبة قوية. وهذا ما يريده.

# «اسندني وأعلني حسب إرادتك»

ليس من الخطأ أن نخبر الله بأننا نريد شيئاً ما، ولكننا نظهر إيماناً أكبر إن قلنا ببساطة: «أبانا السماوي، إنني أعلم أنك تدرك مسبقاً كل ما احتاجه، فاسندني وأعلني حسب مشيئتك.»

على سبيل المثال، إن رغب إنسانٌ باقتناء سيارة فخمة وصلّى بحرارة كي يمتلكها فسوف يحصل عليها. ولكن امتلاك سيارة قد لا يكون أفضل شيء بالنسبة له. إن الله لا يصغي أحياناً لابتهالاتنا الصغيرة لأنه يريد أن يتحفنا بهباتٍ أروع وعطايا أفضل. عزّز إيمانك أكثر بالله وثق بأن الذي خلقك سيعيلك ويزوّدك بضرورات العيش.

---

في الحقيقة في بعض الأحيان تكون صلواتك ورغباتك الأكثر إلحاحاً هي ألدّ أعدائك. تحدث إلى الله بصدق وكن واقعياً، ودعه يقرر ما الذي يناسبك. إن كنت متناغماً ومتقبلاً فإنه سيوجّه خطواتك ويعمل معك. حتى لو ارتكبت أخطاء،

لا تخف. تحلَّ بالإيمان واعلم أن الله معك. استرشد بتلك القوة الإلهية في كل شيء، فهي قوة معصومة ولا تخطئ أبداً.

# صلِّ لله
## طلباً للهداية

إن وقت الدعاء لله من أجل الهداية هو بعد أن تكون قد تأملت وشعرت بذلك السلام الداخلي والفرح. إنه الوقت الذي تكون قد تواصلت فيه مع الله. إن كنت تعتقد أن لديك حاجة، فيمكنك بعد ذلك أن تضعها أمام الله وتسأله ما إذا كانت صلاتك من أجل تحقيق تلك الحاجة مبررة. إذا كنت تشعر في داخلك أن حاجتك عادلة، صلِّ: «يا رب، أنت تعلم أن هذه هي حاجتي. سأفكر، سأكون مبدعاً، وسأفعل كل ما يلزم. وكل ما أطلبه منك هو أن توجّه إرادتي وقدراتي الإبداعية إلى الأشياء الصحيحة التي يتوجب عليّ فعلها.»

## اطلب هدايته
## داخل نفسك

---

اذهب إلى الله؛ صلِّ له ونادِهِ كي يرشدك ويبين لك كيف تعمل قوانينه. وتذكر أن أعظم من مليون فكرة تفكرها هو أن تجلس في التأمل وتتفكر في الله حتى تشعر بالهدوء في داخلك. ثم قل للرب: «لا أستطيع أن أحل مشكلتي لوحدي، حتى لو فكرت ملايين الأفكار المختلفة؛ ولكن يمكنني حلّها بوضعها بين يديك، وطلب إرشادك أولاً، ثم متابعة التفكير في زوايا مختلفة لإيجاد حل ممكن.» الله يساعد الذين يساعدون أنفسهم. وعندما يكون ذهنك هادئاً وممتلئاً بالإيمان بعد الصلاة إلى الله في التأمل، ستتمكن من رؤية إجابات متنوعة لمشاكلك. وبما أن عقلك هادئ، ستتمكن من انتقاء الحل الأفضل. اتبع ذلك الحل وسوف تنجح في مسعاك. وهذا هو تطبيق عِلم الدين في حياتك اليومية.

## «اطلبوا أولاً ملكوت الله وهذه كلها تُزاد لكم»

يعتقد معظم الناس أنهم إذا حصلوا أولاً على الرخاء والأمن المادي، فيمكنهم بعد ذلك التفكير في الله. لكن مثل هذا التسويف لا يؤدي إلا إلى الوقوع في دائرة عدم الرضا الذي لا انتهاء له. يجب العثور على الله أولاً. إنه أعظم حاجة في حياتك، فهو مصدر السعادة والأمان الدائمين. إذا شعرت بحضوره ولو مرة واحدة فقط، فسوف تعرف ما هي السعادة الحقيقية. إذا حصلت على هذا التواصل الفعلي مع الله، فسوف تدرك أنه عندما يكون الله معك، يصبح الكون عند قدميك. الله هو معيلك، ولا بد أن يكون معك دائماً.

---

إن فكرت بالله في التأمل العميق، وإن أحببته من كل قلبك، وإن شعرت بالسلام التام في حضوره، دون أن ترغب في أي شيء آخر، فإن جاذبية الله الإلهية تجلب لك كل ما حلمت به، وأكثر من ذلك بكثير. لقد برهنتُ عن هذه الحقيقة في كل جانب من حياتي: إذا كنت تحب الله حباً لذاته، وليس محبة بما يمكن أن يمنحه لك؛ وإذا انجذبت بشكل كامل لجاذبيته

الإلهية، فإن قوّته ستنبثق من قلبك وعقلك، ومهما كانت أمنيتك صغيرة سوف تتمكن من تحقيق تلك الأمنية.

إن كنت تحب الله محبة غير مشروطة، فإنه سيضع أفكاراً في عقول الآخرين بحيث يصبحون أدوات لتحقيق حتى رغباتك الصامتة.

كل ابتهال تتلفظ به يمثل رغبة. ولكن عندما تجد الله، تختفي كل الرغبات، وفي تحقيق الرغبة أو الصلاة للتعرف على الله يكمن الفرح الأبدي.

---

أقول لكم صدقاً إن كل أسئلتي حصلتْ على إجابات لها، ليس من خلال الإنسان بل من خلال الله. فهو بكل تأكيد موجود. إنها روحه التي تتحدث إليكم من خلالي. وإنه حبه الذي أتحدث عنه. أحس بنبضات متواصلة من الغبطة! فحبه يأتي إلى النفس كالنسيم العليل. ليلاً نهاراً، أسبوعاً بعد أسبوع، عاماً بعد عام، يتزايد الفرح الإلهي — ولا تعرفون أين تكون النهاية. وهذا ما يبحث عنه كل واحد منكم. تفكرون أنكم بحاجة إلى الحب البشري وإلى الرخاء والازدهار، ولكن وراء كل ذلك الآب السماوي الذي يناديكم. وإن أدركتم أنه أعظم من كل عطاياه، فسوف تجدونه.

---

# القسم ٤

## امتلكْ مفهوماً واضحاً عن الله

# عندما تستخدم الطريقة الصحيحة فستأتي بنتائج علمية

إن معرفة كيف ومتى نصلي، وفقاً لطبيعة احتياجاتنا، هو ما يأتي بالنتائج المرجوة. عندما يتم استخدام الطريقة الصحيحة، فإنها تؤدي إلى تفعيل قوانين الله الصحيحة؛ وتفعيل هذه القوانين يؤدي إلى نتائج علمية.

أولاً يجب أن يكون لديك مفهوم صحيح عن الله – فكرة محددة يمكنك من خلالها تكوين علاقة معه – ثم يجب أن تتأمل وتصلي حتى يتحول هذا المفهوم العقلي إلى إدراك فعلي.

## ما هو الله

الله هو غبطة أبدية. جوهره المحبة والفرح. هو شخصي وغير شخصي، ويتجلى بأية صورة يريدها. إنه يظهر أمام قديسيه بالشكل الذي يحبذه كل منهم. فالمسيحي يرى المسيح، والهندوسي يرى كريشنا أو الأم الإلهية وهكذا. المريدون الذين يعبدون المظهر اللاشخصي يشعرون بالله كنور لا نهائي، أو يسمعون صوت أوم الكلمة الأزلية. إن أسمى اختبار يمكن للإنسان أن يحصل عليه هو أن يتذوّق تلك الغبطة التي تحوي كل مظاهر الألوهية الأخرى من محبة وحكمة وخلود. ولكن كيف يمكنني أن أنقل لكم بالكلام طبيعة الله؟ فهو لا يمكن وصفه لأنه يفوق الوصف. فقط بالتأمل العميق ستتعرفون على جوهره الفريد.

---

كثيرون من الناس لا يرغبون في التفكير بالرب على أنه شخصي. فهم يظنون أن فكرة التجسيد مقيِّدة ومحدودة، ويعتبرونه روحاً غير شخصي، قدرة كلية وقوة عاقلة مسؤولة عن الكون.

ولكن إن كان خالقنا غير شخصي فكيف خلق كائنات

بشرية؟ نحن شخصيون ولنا شخصيتنا. إننا نفكر ونشعر ونريد. ولم يمنحنا الله القدرة على تقدير أفكار ومشاعر الآخرين وحسب، بل منحنا أيضاً المقدرة على الاستجابة لمشاعرهم وأفكارهم. بالتأكيد الله لا يخلو من روح المبادلة التي تميّز مخلوقاته. إن أبانا السماوي لقادر بالتأكيد على توطيد علاقة شخصية مع كل واحد منا، وسيفعل عندما نسمح نحن بذلك.

# يمكنك رؤيته اعتباراً من هذه الليلة إن صممت على ذلك

في كل لحظة من لحظات فراغك غُص في بحر التفكير العميق به. تحدث إليه حديث القلب للقلب، حديث الروح للروح. إنه أقرب من القريب وأعز من الحبيب. اعشقه مثلما يتعشق البخيلُ المالَ، واحببه محبة المتيّم الولهان لحبيبة قلبه، محبة الغريق لنسمة الهواء. فعندما تبثه حنينك العارم وشوقك الغامر سيأتي إليك.

في الصيف الماضي، توقفتُ عند أحد الأُديرة، حيث التقيت بأحد الرهبان. لقد كان نفساً رائعة. سألته منذ متى وهو على الطريق الروحي كراهب. أجاب: «منذ حوالي خمس وعشرين سنة.»

ثم سألته: «هل ترى المسيح؟»

أجاب: «لا أستحق ذلك، وربما سيأتي إليّ بعد الموت.»

فأكدت له: «لا، ليس بعد الموت، بل يمكنك رؤيته اعتباراً من هذه الليلة فيما إذا صممت على ذلك.» فترقرقت الدموع في عينيه، وظل صامتاً.

يجب أن تصلي بحرارة. إذا جلست ليلة بعد ليلة تمارس التأمل وتناجي الله، فسوف يلتهب الظلام، وستبصر النور خلف هذا النور المادي، والحياة خلف كل حياة، والأب السماوي خلف كل الآباء، والأم الإلهية خلف كل الأمهات، والصديق الكوني خلف كل الأصدقاء، والجوهر الفرد خلف كل العناصر، والقوة خلف كل القوى.

# القسم ٥

## صلِّ بقوة إرادة ديناميكية

# الصلاة الصحيحة
## تشمل قوة الإرادة

يعتقد الكسالى أن الله سيستمع إليهم ويحقق رغباتهم بمجرد الصلاة فقط. ولكن من الضروري تفعيل قوة الإرادة، والعمل على مناغمتها مع الإرادة الإلهية. عندما تحوم إرادتك باستمرار حول هدف واحد محدد، تصبح إرادة ديناميكية. وتلك هي قوة الإرادة التي امتلكها السيد المسيح ويمتلكها جميع أبناء الله العظماء الآخرين.

---

يقول الكثير من الناس أنه لا ينبغي لنا أن نستخدم إرادتنا لتغيير الظروف، خشية أن نتدخل في خطة الله. ولكن لماذا منحنا الله الإرادة إذا كنا لا نستخدمها؟ التقيت ذات مرة برجل متعصب قال إنه لا يؤمن باستخدام قوة الإرادة لأنها تنمي الإيغو أو الأنا. فأجبته: «إنك الآن تستخدم قدراً كبيراً من الإرادة لمقاومتي! وتستخدم الإرادة للتحدث، وأنت مجبر على استخدام إرادتك للوقوف، أو المشي، أو تناول الطعام، أو الذهاب إلى السينما، أو حتى النوم. وتستخدمها لعمل أي شيء. وبدون قوة الإرادة ستصبح إنساناً آلياً.»

إن عدم استخدام الإرادة ليس هو ما قصده يسوع عندما قال: «ليس كما أريد أنا، بل كما تريد أنت.» وبذلك كان يوضح أنه يجب على الإنسان أن يتعلم كيف يسلّم إرادته، المحكومة بالرغبات، لإرادة الله. لذلك فإن الصلاة الصحيحة، عندما تكون متواصلة، تصبح إرادة.

## الهمس الفكري المتواصل ينمّي القوة الديناميكية لتعزيز قوة إرادتك

عندما ترغب في مشاهدة عرض خاص، أو شراء قطعة ثياب أو سيارة أعجبتك، أليس صحيحاً أنه بغض النظر عما تفعله فإن عقلك يفكر باستمرار في كيفية الحصول على تلك الأشياء؟ وإلى أن تحقق رغباتك القوية فلن يرتاح عقلك بل سيعمل بلا توقف على تحقيق تلك الرغبات...

يعمل الهمس الفكري على تطوير قوة ديناميكية لإعادة تشكيل المادة إلى ما تريده. إنك لا تدرك كم هي عظيمة قوة العقل. عندما يكون عقلك وإرادتك منسجمين مع الإرادة الإلهية فلن تضطر إلى تحريك إصبعك من أجل إحداث تغييرات على الأرض. القانون الإلهي سيعمل من أجلك. كل الإنجازات البارزة في حياتي تحققت من خلال تلك القوة العقلية المتناغمة مع إرادة الله. عندما يتم تشغيل هذا الدينامو الإلهي، فإن كل ما أرغب فيه لا بد أن يتحقق.

استمر في استخدام الإرادة والتوكيد الإيجابي حتى تجعل

الفكر يعمل لصالحك. الفكر هو رحم كل الخليقة. الفكر خلق كل شيء. إذا تمسكت بهذه الحقيقة بإرادة لا تُقهر، فيمكنك تجسيد أي فكرة على أرض الواقع. لا يوجد شيء يمكن أن يدحض هذه الحقيقة. بهذا النوع من الفكر القوي أعاد المسيح بناء جسده المصلوب. وهذا ما أشار إليه عندما قال: «لذلك أقول لكم: كل ما تطلبونه حينما تصلون، فآمنوا أن تنالوه فيكون لكم.»

---

في خلوة الفكر المركّز يكمن مصنع كل الإنجازات. تذكّر ذلك. في هذا المصنع، قم على الدوام بتصميم نموذج إرادتك لتحقيق النجاح في التغلب على الصعوبات. وقم باستخدام إرادتك على نحو متواصل. أثناء النهار والليل لديك العديد من الفرص للعمل في هذا المصنع، ما دمت لا تهدر وقتك. في الليل أنسحبُ من مطالب العالم وأكون لوحدي، غريباً بالمرة عن العالم. أكون وحيداً مع قوة إرادتي، أدير أفكاري في الاتجاه المرغوب حتى أحدد في ذهني بالضبط ما أود أن أفعله وكيف أفعله. ثم أستنهض قوة إرادتي للقيام بالأنشطة الصحيحة فتخلق لي النجاح. وبهذه الطريقة استخدمتُ قوة إرادتي بشكل فعّال مرات عديدة.

---

# عندما تختفي كلمة «لا أستطيع» من عقلك تأتي القوة الإلهية

يجب أن تؤمن بإمكانية تحقيق ما تصلي من أجله. إذا كنت تريد منزلاً، وقال لك عقلك: «أيها الساذج، لا يمكنك شراء منزل»، فيجب عليك أن تجعل إرادتك أقوى. عندما تختفي كلمة «لا أستطيع» من عقلك، تأتي القوة الإلهية. لن ينزل عليك بيت من السماء. عليك أن تشحن قوة الإرادة بشكل متواصل من خلال القيام بالأعمال البناءة.

عندما تثابر، وترفض قبول الفشل، فلا بد أن يتحقق هدف إرادتك. وعندما تعمل باستمرار على تفعيل إرادتك بالأفكار والأنشطة [الإيجابية]، فإن ما ترغب فيه يجب أن يتحقق. وحتى إن كان الشيء الذي تريده غير موجود في العالم، إن واظبت على تمرين إرادتك، فإن النتيجة المرجوة ستتحقق بطريقة أو بأخرى. في هذا النوع من الإرادة يكمن جواب الله؛ لأن الإرادة تأتي من الله، والإرادة الثابتة هي إرادة إلهية. الإرادة الضعيفة هي إرادة ميتة. وحالما تقطعها الأحداث والفشل، تفقد صلتها بالدينامو اللانهائي.

لكن وراء الإرادة البشرية تكمن الإرادة الإلهية التي لا

يمكن أن تفشل أبداً. حتى الموت لا يقدر على كبح الإرادة الإلهية. والله سيستجيب بالتأكيد للصلاة المدعومة بقوة الإرادة الفعّالة.

## «لكنتم تقولون لهذا الجبل انتقل...»

عندما تعتزم القيام بأشياء جيدة، سوف تتمكن من إنجازها فيما إذا استخدمت قوة الإرادة الديناميكية في سعيك المتواصل لتحقيق تلك الأشياء. ومهما كانت الظروف، إذا واصلت المحاولة، فسيخلق الله الوسائل التي من خلالها ستتمكن إرادتك من تحقيق هدفك المنشود. هذه هي الحقيقة التي أشار إليها السيد المسيح عندما قال: «إن كان لكم إيمان ولا تشكّون... لكنتم تقولون لهذا الجبل: انتقل وانطرح في البحر، فيكون.»

---

اقرأ حياة القديسين. ما يسهل فعله ليس الطريق إلى الله. ما يصعب القيام به هو الطريق إليه! لقد واجه القديس فرنسيس مشاكل أكثر مما يمكن أن تتصور، لكنه لم يستسلم. فتغلب على تلك العقبات الواحدة بعد الأخرى وأصبح واحداً مع سيد الكون. لماذا لا تمتلك هذا النوع من التصميم؟

---

# كيف يمكننا تنمية الإرادة؟

اعتزم كل يوم عمل شيء يبدو صعباً بالنسبة لك، وحاول القيام به. وحتى لو فشلت خمس مرات، استمر في المحاولة، وعندما تنجح مساعيك، استخدم إرادتك المركّزة للقيام بشيء آخر. وأخيراً ستتمكن من إنجاز أشياء أكبر على نحو متزايد. الإرادة هي بمثابة صورة الله في داخلك. ففي الإرادة تكمن قوته اللامحدودة التي تتحكم في كل قوى الطبيعة. وبما أنك مخلوق على صورته، فإن هذه القوة متاحة لك لتحقيق كل ما تريده: إذ يمكنك خلق الوفرة والرخاء، مثلما يمكنك تحويل الكراهية إلى محبة. صلِّ إلى أن تتمكن من السيطرة على الجسد والعقل بالكامل، وعندها ستحصل على استجابة الله.

# كن جاداً في التعامل مع الله

عندما يعبّر معظم الناس عن رغبتهم في الشفاء والإيمان بأن الله قادر على شفائهم فإنهم يتمنون ذلك ليس أكثر. في الواقع، إنهم يصلّون وفي قلوبهم شكوك أو شعور بعدم الجدوى، معتقدين أن الله لن يستجيب لصلواتهم. أو أنهم يصلّون ولا ينتظرون ليعرفوا ما إذا كانت صلواتهم قد وصلت إلى الله.

---

إن التحدث إلى الله لفترة قصيرة ثم التوقف عن ذلك لن يأتي بإجابة أبداً. «من الصعب الحصول على استجابة الله» لأنه ليس كل شخص «جاداً في التعامل» معه. عادة ما تكون طريقة الصلاة غير فعالة لأن معظم الصلوات ليست عميقة بما فيه الكفاية أو لا تمتلك ما يكفي من الإخلاص والمحبة التعبدية.

---

# نادِ الأم الإلهية
## إلى أن تأتي إليك

الصلاة التي تكون فيها نفسك ملتهبة شوقاً إلى الله هي الصلاة الفعالة الوحيدة. لا شك أنك صليت بهذه الطريقة في أحد الأوقات، ربما عندما كنت تتلهف للحصول على شيء ما، أو كنت في حاجة ماسة إلى المال، عندها أشعلتَ الأثير برغبتك. وهكذا يجب أن تشعر نحو الله.

---

عندما تعلم أن شيئاً ما هو صحيح، فلماذا لا تسعى للحصول عليه؟ لماذا لا تنادي الرب حتى تهتز السماء بصلواتك؟... تذكّر أن الطفل الملحاح هو الذي يلفت انتباه أمه. أما الطفل الذي يتم إسكاته بسهولة فسرعان ما يرضى ببعض الألعاب. الطفل الذي يلح في النداء لا يريد سوى أمه، ويستمر في البكاء حتى تأتي إليه.

---

# ابعث بنداء روحك
## إلى الأم الإلهية

«إن بعثتَ بنداء الروح للأم الإلهية، فلا يمكنها أن تظل محتجبة بعد ذلك.» أغمض عينيك، فكّر في الله، وابعث بنداء روحك للأم الإلهية. يمكنك القيام بذلك في أي وقت وفي أي مكان. ومهما كانت أشغالك، يمكنك التحدث فكرياً مع الله. قل له: «يا ربي، إنني أبحث عنك ولا أريد شيئاً سواك. إنني مشتاق لأن أكون دائماً معك. لقد خلقتني على صورتك، وفي رحابك بيتي. لا تبعدني عنك. ربما أخطأتُ عندما أغرتني أوهام مسرحيتك الكونية، ولكن لأنك أمي وأبي وصديقي، أعلم أنك ستغفر لي وتعيدني إليك. أريد العودة إلى بيتك السماوي. أريد أن آتي إليك.»

---

نادِ الله بلا انقطاع. مزّق حجاب الصمت بأشواقك. نادِ الله مثلما تنادي أمك أو أباك. قل له: «أين أنت؟ لقد خلقتني ووهبتني الفهم لأبحث عنك. أنت في الزهور، وفي القمر، وفي النجوم. هل ينبغي لك أن تظل محتجباً؟ تعالَ إليّ. لا بد أن تأتي إليّ!» مزّق حجاب الصمت بكل قوة عقلك المركّزة

وبكل محبة قلبك. ومثلما يستخلص الخض المتواصل الزبدة المخفية في الحليب، هكذا قم بخض الأثير بمغرفة أشواقك وسيظهر الله لك.

---

# أطلب من كل قلبك
# المرة تلو المرة

لا تهدأ حتى يستجيب الله لك. أطلب من كل قلبك، المرة تلو الأخرى. قل له: «أظهر ذاتك! أظهر ذاتك! النجوم قد تتناثر، والأرض قد تذوب، لكن روحي تناديك قائلة: 'أظهر ذاتك!'» إن الضربات المتواصلة لمطرقة صلواتك ستكسر جمود صمته. أخيراً، وكزلزال غير مرئي، سيُظهِر ذاته فجأة. وسوف تهتز وتنهار جدران الصمت التي تحصر خزان وعيك، وستشعر أنك تتدفق كالنهر وتصب في المحيط الجبار، وستقول له: «أنا الآن واحد معك، وكل ما هو لك هو أيضاً لي.»

# القسم ٦

## استعد محرابك الداخلي

# في سكينة الروح

عندما لا يستجيب الله لصلواتك، فذلك لأنك لست جاداً. إذا رفعت للآب السماوي صلوات مقلّدة وجافة، فلا يمكنك أن تتوقع لفت انتباهه. الطريقة الوحيدة للوصول إلى الله عن طريق الصلاة هي بالمثابرة والاستمرار والإخلاص والمحبة العميقة. طهّر عقلك من كل السلبيات، مثل الخوف والقلق والغضب؛ ثم املأه بأفكار الحب والخدمة والتوقعات السارة. في حرم قلبك يجب أن تكون هناك قوة واحدة، وفرح واحد، وسلام واحد ـــ يجب أن يكون الله في حرم قلبك.

---

إن الله برحمته اللامتناهية يمنحنا فرحه، وإلهامه، والحياة الحقيقية، والحكمة الحقيقية، والسعادة الحقيقية، والفهم الحقيقي من خلال كل التجارب المتنوعة التي نمر بها في حياتنا. ولكن مجد الله لا يظهر إلا في سكينة النفس...

كلما ركّزت أكثر على الخارج، كلما قلت معرفتك بالمجد الداخلي المتمثل في فرح الروح الأبدي. وكلما ركزت أكثر على الداخل، كلما قلّت الصعوبات التي تواجهك في الخارج.

---

إن فكرة واحدة فقط قد تمنحك الخلاص. إنك لا تعرف مدى فعالية أفكارك في الأثير.

كل فكرة نفكرها تخلق اهتزازاً دقيقاً معيناً... عندما تنطق باسم الله في فكرك، وتواصل تكراره في داخلك، فإن ذلك التكرار يُحدث ذبذبة تلتمس وتستقطب حضور الله.

شَرّب وشَبّع كل شيء بفكر الله. واعلم أن كل ما هو موجود أصله في الله.

لا يمكن رشوة الله في أي وقت، ولكن من السهل ملامسة قلبه بالإخلاص والمثابرة والتركيز والمحبة والتصميم والإيمان.

## اطرد من ذهنك كل الشكوك بأن الله سيستجيب

يجب أن تطرد من ذهنك كل الشكوك بأن الله سيستجيب. معظم الناس لا يحصلون على أي استجابة بسبب عدم إيمانهم. إذا كنت مصمماً تصميماً قاطعاً على تحقيق شيء ما، فلا شيء يمكن أن يقف في طريقك. عندما تستسلم تحكم على نفسك بالفشل. الإنسان الناجح لا يعرف كلمة «مستحيل».

## صلِّ بصبر وإيمان

لنفترض أن لديك رهناً عقارياً على منزلك ولا تستطيع الوفاء به. أو هناك وظيفة معينة تريدها. في الصمت الذي يأتي بعد التأمل العميق، ركّز بإرادتك التي لا تتزعزع على التفكير في حاجتك. لا تستمر في محاولة معرفة ما ستكون النتيجة. إذا زرعت بذرة في الأرض ثم نبشتها من حين لآخر لترى ما إذا كانت تنمو، فلن تنبت أبداً. وبالمثل، إذا كنت في كل مرة تصلي فيها تبحث عن علامة على تحقيق الرب لطلبك، فلن يحدث شيء. لا تحاول أبداً أن تجرّب الله. فقط واصل الصلاة دون انقطاع. واجبك هو أن تلفت انتباه الله إلى حاجتك، وأن تقوم بدورك في مساعدة الله على تحقيق تلك الحاجة. على سبيل المثال، بالنسبة للأمراض المزمنة، ابذل قصارى جهدك للمساعدة في تعزيز الشفاء، ولكن اعلم في قرارة نفسك أنه في نهاية المطاف الله وحده هو القادر على تقديم العون. احتفظ بهذه الفكرة أثناء التأمل كل ليلة، وصلِّ بتصميم عميق. وفجأة ستجد في أحد الأيام أن المرض قد زال.

بعد أن تزرع بذرة طلبك في تربة الإيمان، لا تنبشها بين الحين والآخر لتفحص نموها، وإلا فلن تنبت وتزدهر أبداً. اغرس البذرة بثقة وإيمان، واسقها بالصلوات اليومية الصحيحة المتكررة. لا تشعر بالتثبيط أبداً إذا لم تظهر النتائج على الفور. واظب على الطلب لاستعادة تراثك الإلهي المفقود. عندها، وعندها فقط، سيغمر الرضا الأعظم قلبك. طالب بحقك الإلهي واطلب بلا انقطاع الحصول على ما هو لك، وسوف تحصل عليه.

---

حتى المريدين الصادقين يعتقدون أحياناً أن الله لا يستجيب لصلواتهم. إنه يجيب بصمت من خلال قوانينه. ولكنه لن يجيب علناً ولن يتكلم إلى المريد ما لم يتأكد تماماً من صدق المريد وإخلاصه. إن سيد الأكوان متواضع للغاية بحيث أنه لا يتكلم لئلا يؤثر على استخدام المريد لإرادته الحرة في اختياره لله أو رفضه له. بمجرد أن تعرف الله فسوف تحبه دون أدنى شك. من يقدر على مقاومة ما لا يمكن مقاومته؟ ولكن عليك أن تثبت محبتك غير المشروطة لله حتى تتعرف عليه. يجب أن تمتلك الإيمان وتثق بأنه يستمع إليك عندما تصلي، وبأنه سيعرّفك بنفسه.

---

## في كهف الهدوء الباطني
## سوف تعثر على ينبوع الحكمة

إن الذي لا يُهزَم عقلياً هو الذي يجد الله في هيكل قلبه. بغض النظر عن العوائق التي تواجهك، يمكنك القيام بما يلي: في محراب قلبك السري، يمكنك أن تطلب الله وأن تحبه من كل قلبك. عندما يتسنى لك بعض الوقت بين الواجبات، اذهب إلى كهف الصمت في داخلك. لن تجد الصمت وسط الحشود. خصص وقتاً كي تكون وحيداً، وفي كهف الهدوء الباطني سوف تعثر على ينبوع الحكمة.

## اعثر على مكان مقدس في هيكل الصمت الداخلي

مارس الصمت والهدوء كل ليلة لمدة نصف ساعة على الأقل، ويفضل لفترة أطول من ذلك بكثير قبل النوم، ومرة أخرى في الصباح قبل بدء النشاط اليومي. ستساعد هذه الممارسة على خلق عادة داخلية من السعادة لا يمكن كسرها، ستجعلك قادراً على مواجهة كل المواقف الصعبة في معركة الحياة اليومية. مع تلك السعادة التي لا تتغير في داخلك، انطلق لتحقيق متطلباتك واحتياجاتك اليومية.

---

حيثما يكون عقلك، فذلك هو المكان الذي ستصرف فيه وقتك.

---

عندما تطاردك نمور الهموم والمرض والموت، فإن ملاذك الوحيد هو معبد الصمت والهدوء الداخلي. الإنسان العميق روحياً يعيش ليلاً ونهاراً في صمت داخلي هادئ لا يمكن

أن تتطفل عليه المخاوف المُهدّدة ولا حتى ارتطام العوالم المتصادمة...

إن الفرح الذي ينتظر اكتشافك له في الهدوء الكامن خلف بوابات عقلك لا يستطيع لسان بشري أن يصفه. لكن يجب أن تقنع نفسك بهذه الحقيقة ويجب أن تتأمل وتخلق تلك البيئة. الذين يتعمقون في التأمل يشعرون بهدوء نفسي رائع. يجب الحفاظ على هذا الهدوء الداخلي حتى عندما تكون بصحبة أشخاص آخرين. احتفظ بما تتعلمه في التأمل وبما تختبره في النشاط وأثناء التفاعل مع الآخرين، ولا تدع أحداً يخرجك من تلك الحالة الهادئة. تمسّك بسلامك... وفي هيكل صمتك الداخلي استقبل الله بحدسك المستيقظ وإحساسك الباطني.

---

إن الله موجود في قلب وروح كل إنسان. وعندما تفتح في داخلك المعبد السري الموجود في قلبك ستتمكن، بواسطة حدس الروح الذي يعرف كل شيء، من قراءة كتاب الحياة. وعندها فقط سوف تتصل بالله الحي، وسوف تشعر به لأنه جوهر كيانك. وبدون هذا الشعور في قلبك، لن تحصل على استجابة لصلواتك. يمكنك أن تجذب لنفسك ما تسمح أفعالك الإيجابية والكارما الجيدة بأن تحصل عليه؛ ولكن لكي

تحصل على استجابة واعية من الله، يجب عليك أولاً أن تحقق تناغماً إلهياً معه.

# اغمر نفسك
# بسلام الله

---

نادِ الله بفكرك وبكل الشوق والمحبة الإخلاص في قلبك. نادهِ بدراية واعية في معبد السكينة والهدوء، وعندما تتأمل بعمق ستجده في معبد النشوة الروحية والنعيم. ترنم بحضوره واعلم أنه معك. ومن خلال أفكارك ومشاعرك، أرسل له حبك من كل قلبك وعقلك وروحك وقوتك. ومن خلال بديهتك الروحية، اشعر بالله متجلياً من بين غيوم قلقك كفرحٍ وسلامٍ عظيمين. السلام والفرح هما صوت الله الذي احتجب طويلاً تحت ركام الجهل، وتم تجاهله وتناسيه في خضم ضجيج الأهواء البشرية.

إن ملكوت الله موجود خلف ظلمة العيون المغمضة، والسلام هو الباب الأول الذي يُفتح ويُفضي إلى ذلك الملكوت. اطرد النَفَس، استرخِ، واشعر بهذا السلام المنتشر في كل مكان، في الداخل والخارج. اغمر كيانك في هذا السلام.

استنشق بعمق ثم اطرد النفَس. الآن انسَ التنفس وردد هذا التوكيد:

«يا أبتاه، لقد هجعت أصوات العالم والسماوات. إنني الآن في معبد الهدوء. إن مملكة سلامك الأبدية تنتشر طبقة فوق طبقة أمام نظري. أسألك أن يظل هذا الملكوت

اللامتناهي، الذي كان محتجباً خلف الظلام لفترة طويلة، ظاهراً في داخلي. السلام يملأ جسدي. السلام يملأ قلبي ويسكن في محبتي. السلام في داخلي ومن حولي وفي كل مكان. الله هو السلام. أنا ابنه. أنا السلام. أنا والله واحد.»

## في الله بيتك الحقيقي

عندما نكون في تناغم مع الله، سنسمع صوته يهمس: «لقد أحببتكم على مر العصور؛ أحبكم الآن؛ وسأحبكم إلى أن تعودوا إلى بيتكم السماوي. وسواء عرفتم ذلك أم لم تعرفوا، سأحبكم على الدوام.»

الله يتحدث إلينا صمتاً، ويطلب منا العودة إليه.

———

لا يمكنك أن تفشل في الوصول إلى الله في النهاية. ومن الحماقة السؤال: «هل يمكنني دخول ملكوت السماوات؟» لا يوجد مكان آخر يمكنك البقاء فيه، فالملكوت هو منزلك الحقيقي. ليس عليك أن تكسبه. أنت بالفعل ابن الله، مخلوق على صورته. وما عليك سوى أن تزيل القناع البشري وتحصل على حقك الإلهي.

———

## في معبد السكينة والهدوء
## سيمنحك ذاته هدية لك

---

لو كنتم تعلمون لعرفتم أنكم كلكم آلهة. خلف موجة وعيك يوجد بحر الحضور الإلهي. يجب أن تنظر إلى الداخل. لا تحصر تفكيرك بموجة الجسد الصغيرة مع كل ما في الجسد من نقاط ضعف. انظر إلى ما وراء الجسد. أغمض عينيك وستبصر الوجود الشاسع ممتداً أمامك، في كل مكان حيثما نظرت. إنك في قلب ذلك المجال، وبينما ترفع وعيك عن الجسد وتجاربه، ستجد ذلك المجال مليئاً بالبهجة والنعيم العظيم الذي يضيء النجوم ويمنح القوة للعواصف والرياح. الله هو مصدر كل أفراحنا وكل الظواهر والمظاهر في الطبيعة...

أيقظ نفسك من ظلمة الجهل. لقد أغمضتَ عينيك في سبات الوهم. استيقظ! افتح عينيك وسترى مجد الله - نوره المنتشر فوق كل شيء. إنني أطلب منك أن تكون واقعياً بالمعنى الروحي، وستجد عند الله الإجابة على كل أسئلتك...

يجب أن تطالب بحقك الإلهي. صلاتك الدائمة، وتصميمك اللامحدود، ورغبتك المتواصلة في الله، ستجعله يتخلى عن نذر صمته الفائق، وسوف يستجيب لك. وفوق كل شيء، في معبد السكينة والهدوء سيمنحك ذاته هدية لك.

## الصلاة التي يجب أن تكون الأولى في كل قلب

الله حقيقي، ويمكن العثور عليه في هذه الحياة.

في قلوب الناس هناك صلوات كثيرة — من أجل المال والشهرة والصحة — صلوات من أجل كل أنواع الأشياء. لكن الصلاة التي ينبغي أن تكون الأولى في كل قلب هي الصلاة من أجل حضور الله. وأنت تسير بهدوء وثبات على دروب الحياة، يجب أن تدرك أن الله هو الهدف الوحيد الذي سيلبي احتياجاتك ويرضيك. ففي الله تتحقق كل أمنيات القلب...

روحك هي هيكل الله المقدس. يجب طرد ظلمة الجهل المميت والقيود والمحدوديات من هذا الهيكل. إنه لأمر رائع أن تكون في وعي الروح - قوياً ومتمتعاً بالحصانة!

لا تخف من أي شيء. إن عدم كراهية أحد، ومنح الحب للجميع، والشعور بمحبة الله، ورؤية حضوره في كل الناس، وامتلاك رغبة واحدة فقط — الشعور الدائم بحضوره في معبد وعيك — تلك هي الطريقة [المثلى] للعيش في هذا العالم.

# نبذة عن المؤلف

يعتبر برمهنسا يوغانندا (١٨٩٣-١٩٥٢) أحد الشخصيات الروحية البارزة في عصرنا على نطاق واسع. ولد في شمال الهند، وجاء إلى الولايات المتحدة في عام١٩٢٠، حيث قام لأكثر من ثلاثين عاماً بتلقين علم الهند القديم: التأمل وطريقة الحياة الروحية المتوازنة. وقد عرّف ملايين القراء على حكمة الشرق الخالدة من خلال قصة حياته الشهيرة مذكرات يوغي *Autobiography of a Yogi* وكتبه العديدة الأخرى. واليوم يتواصل العمل الروحي والإنساني الذي بدأه برمهنسا يوغانندا بإشراف الأخ تشيدانندا رئيس Self-Realization Fellowship/ Yogoda Satsanga Society of India.

في عام٢٠١٤ تم إنتاج الفيلم الوثائقي الحائز على جوائز استيقظ: حياة يوغانندا *(Awake: The Life of Yogananda)* عن حياة وعمل برمهنسا يوغانندا.

# كتب باللغة العربية من تأليف برمهنسا يوغانندا

منشورات عربية من Self-Realization Fellowship
متوفرة على الموقع الإلكتروني
www.srfbooks.org
أو غيره من مكتبات بيع الكتب عبر الإنترنت

**كيف يمكنك محادثة الله**

يُعرّف برمهنسا يوغانندا الله بأنه الروح الكوني الفائق والأب، والأم، والصديق الشخصي المحب والقريب من الجميع، ويبيّن مدى قرب الرب من كل واحد منا، وكيف يمكن إقناعه بأن "يكسر صمته" ويستجيب بطريقة محسوسة.

**توكيدات شفاء علمية**

في هذا الكتاب الذي يشتمل على مجموعة واسعة من التوكيدات يقدم برمهنسا يوغانندا شرحاً عميقاً للأسس العلمية للتوكيد. ويشرح طريقة عمل التوكيدات، وكيف يمكن استخدام قوة الكلمة والفكر ليس فقط لاستجلاب الشفاء، ولكن أيضاً لإحداث التغيير المرغوب في كل مجال من مجالات الحياة.

**تأملات ميتافيزيقية**

أكثر من ٣٠٠ من التأملات والصلوات والتوكيدات الروحية التي تلهم الفكر وتسمو به، والتي يمكن استخدامها لتنمية قدر أكبر من الصحة، والحيوية، والإبداع، والثقة بالنفس، والهدوء؛ وللعيش بدراية أكبر بحضور الله الذي يغمر النفس بالغبطة والابتهاج.

**عِلم الدين**

في هذا الكتاب، يبين برمهنسا يوغانندا أن داخل كل إنسان توجد رغبة حتمية لا مفر منها وهي التغلب على المعاناة والحصول على سعادة لا انتهاء لها. وإذ يشرح كيف يمكن تحقيق هذه الأشواق، فإنه يتناول بدقة الفعالية النسبية للمقاربات المختلفة لتحقيق هذا الهدف.

**قانون النجاح**

يشرح المبادئ الديناميكية لتحقيق أهداف المرء في الحياة، ويحدد القوانين الكونية التي تحقق النجاح وتجلب الرضا – على المستوى الشخصي والمهني والروحي.

**همسات من الأبدية**

مجموعة من صلوات برمهنسا يوغانندا واختباراته الإلهية في حالات التأمل السامية. إن كلماته المدونة بجمال شعري وإيقاع رائع تظهر تنوعاً لا ينفد لطبيعة الله والعذوبة اللامتناهية التي يستجيب بها لمن يبحثون عنه.

**مأثورات برمهنسا يوغانندا**

مجموعة من الأقوال والمشورة الحكيمة التي تنقل ردود برمهنسا يوغانندا الصريحة والمفعمة بالمحبة لأولئك الذين قصدوه التماساً للتوجيه والإرشاد. المأثورات في هذا الكتاب، التي تم تدوينها بواسطة عدد من تلاميذه المقربين، تتيح للقارئ فرصة المشاركة في لقاءاتهم مع المعلم.

# كتب باللغة الإنكليزية لبرمهنسا يوغانندا

**Autobiography of a Yogi**

**God Talks With Arjuna: The Bhagavad Gita**
*— A New Translation and Commentary*

**The Second Coming of Christ:**
**The Resurrection of the Christ Within You**
*— A Revelatory Commentary on the Original Teachings of Jesus*

**The Yoga of the Bhagavad Gita**

**The Yoga of Jesus**

**The Collected Talks and Essays**
**Volume I: Man's Eternal Quest**
**Volume II: The Divine Romance**
**Volume III: Journey to Self-realization**

**Wine of the Mystic:**
**The Rubaiyat of Omar Khayyam**
*— A Spiritual Interpretation*

**Songs of the Soul**

**Whispers from Eternity**

**Scientific Healing Affirmations**

**In the Sanctuary of the Soul:
A Guide to Effective Prayer**

**The Science of Religion**

**Metaphysical Meditations**

**Where There Is Light**
*—Insight and Inspiration for Meeting Life's Challenges*

**Sayings of Paramahansa Yogananda**

**Inner Peace:
How to Be Calmly Active and Actively Calm**

**Living Fearlessly**
*—Bringing Out Your Inner Soul Strength*

**The Law of Success**

**How You Can Talk With God**

**Why God Permits Evil and How to Rise Above It**

**To Be Victorious in Life**

**Cosmic Chants**

# تسجيلات برمهنسا يوغانندا الصوتية

**Beholding the One in All**

**The Great Light of God**

**Songs of My Heart**

**To Make Heaven on Earth**

**Removing All Sorrow and Suffering**

**Follow the Path of Christ, Krishna, and the Masters**

**Awake in the Cosmic Dream**

**Be a Smile Millionaire**

**One Life Versus Reincarnation**

**In the Glory of the Spirit**

**Self-Realization: The Inner and the Outer Path**

# منشورات أخرى من
# Self-Realization Fellowship

**The Holy Science**
— *Swami Sri Yukteswar*

**Only Love:**
Living the Spiritual Life in a Changing World
— *Sri Daya Mata*

**Finding the Joy Within You:**
Personal Counsel for God-Centered Living
— *Sri Daya Mata*

**Intuition:**
Soul Guidance for Life's Decisions
— *Sri Daya Mata*

**God Alone:**
The Life and Letters of a Saint
— *Sri Gyanamata*

**"Mejda":**
The Family and the Early Life of
Paramahansa Yogananda
— *Sananda Lal Ghosh*

**Self-Realization**
(مجلة أسسها برمهنسا يوغانندا في عام ١٩٢٥)

**دي في دي فيديو**

**Awake: The Life of Yogananda**

فيلم من إنتاج شركة أفلام كاونتربوينت

يتوفر كتالوج كامل يحتوي على كتب وتسجيلات فيديو/
تسجيلات صوتية – بما في ذلك تسجيلات
أرشيفية نادرة لبرمهنسا يوغانندا – على الموقع الإلكتروني:
www.srfbooks.org

# حزمة تقديمية مجانية

الطريقة العلمية للتأمل التي علّمها برمهنسا يوغانندا، بما في ذلك كريا يوغا – إلى جانب توجيهاته بخصوص كافة جوانب العيش الروحي المتزن – يتم تلقينها في دروس *Self-Realization Fellowship*. يرجى زيارة الموقع الإلكتروني www.srflessons.org وطلب حزمة معلومات مجانية شاملة عن الدروس.

Self-Realization Fellowship
3880 San Rafael Avenue • Los Angeles, CA 90065-3219
Tel: +1(323) 225-2471 • Fax: +1(323) 225-5088
www.yogananda.org